キミも運動ができるようになる

3 ボールを投《な》げる・受《う》ける・ける ほか

プロローグ

上手な人の動《うご》きをしっかりと見てまねる

「走ったり、とんだりするのは得意《とくい》だけど、ボールを使《つか》ったスポーツは苦手《にがて》」

そう話す人がいます。逆《ぎゃく》に、

「走るのは速《はや》くないし、走り幅《はば》とびの記録《きろく》もあまりよくないけど、野球《やきゅう》は得意《とくい》」という人もいます。

当然《とうぜん》ですが、人には得意《とくい》なことと不得意《ふとくい》なことがあります。

本シリーズの第《だい》1巻《かん》で、「速《はや》く走る、高く遠くへとぶ」ためにはどうすればよいか、第《だい》2巻《かん》では「なわとび、とび箱《ばこ》、鉄棒《てつぼう》」を上手に行うための方法《ほうほう》を解《かい》説《せつ》してきました。そして、この第《だい》3巻《かん》は、ボールを用いたトレーニングを紹介《しょうかい》します。

「ボールを上手に投《な》げたい」

「ボールを上手にキャッチしたい」

「ボールを上手にけりたい」

では、そのために何をすればよいのでしょうか?

これは、すべての運動上達《うんどうじょうたつ》に共通《きょうつう》することですが、まずは上手な人の動《うご》きを見ましょう。

たとえば、野球《やきゅう》が上手になりたいならば、プロ野《や》球《きゅう》の試合《しあい》をテレビで観《み》ます。プロの選手《せんしゅ》たちが、ど

のような動《うご》きでボールを投《な》げ、キャッチしているのかをしっかりと見るのです。

深《ふか》く考える必要《ひつよう》はありません。ただ、「見る」だけでよいのです。何度《なんど》も何度《なんど》も見て、頭の中で上手な人のカラダの動《うご》きをイメージしてみましょう。

そのうえで、まねてボールを投《な》げてみます。これだけでも、あなたの動《うご》きは、かなりよくなっているはずです。

他人《たにん》と比較《ひかく》する必要《ひつよう》はない 自分の上達《じょうたつ》に喜《よろこ》びを感《かん》じよう

その後、この本を読んでトレーニングをやってみてください。10項目《こうもく》に分けてトレーニングを紹介《しょうかい》していますが、すべてを行う必要《ひつよう》はありません。また、1から順《じゅん》に読まなくてもかまいません。気になったところから読み、トレーニングを実際《じっさい》にやってみてください。ボールを用いたスポーツを上手に行うコツに気づけるはずです。

ただひとつ気をつけてほしいのは、自分が上手か下手かを他人《たにん》と比較《ひかく》して判断《はんだん》してはいけません。

自分よりも上手な人を基準《きじゅん》にして、その差《さ》を気にし過《す》ぎてしまうと自分が少しずつ上達《じょうたつ》していることに気づけなくなってしまいます。

野球《やきゅう》の上手な友だちが、ボールを50メートル投《な》げられるとします。あなたは20メートルしか投《な》げられません。でも、トレーニングを続《つづ》ける中で、30メートル投《な》げられるようになったとしたら、これは大きな進歩《しんぽ》なのです。

上達《じょうたつ》に気づき、それを喜《よろこ》びと感《かん》じられた時、あなたの運動《うんどう》に対《たい》する取《と》り組《く》み方《かた》も変《か》わります。

＊本書によく出てくる大切な用語

肩甲骨《けんこうこつ》とは……

左右の肩《かた》の部分《ぶぶん》にある三角形状《じょう》の骨《ほね》のこと。肩甲骨《けんこうこつ》のなめらかな動《うご》きは、走ったり、とんだりする際《さい》にはもちろんのこと、運《うん》動能力《どうのうりょく》アップには不可欠《ふかけつ》だ。

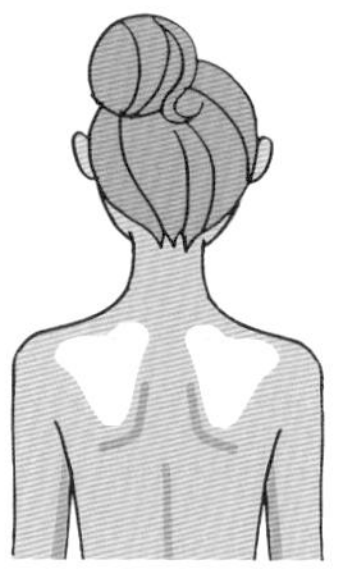

体幹《たいかん》とは……

カラダの幹《みき》となる部分《ぶぶん》、胴体《どうたい》のこと。走ったりジャンプしたりする際《さい》には、手や足の力に頼《たよ》ることなく、腹筋《ふっきん》を意識《いしき》して体幹《たいかん》を活用することが重要《じゅうよう》になる。

目次

ウォームアップ

~トレーニングを始《はじ》める前にストレッチでカラダをほぐそう~

運《うん》動《どう》を始《はじ》める前には、しっかりとカラダの準《じゅん》備《び》をしておきましょう。ストレッチでカラダをほぐしておくことで、パフォーマンスがアップ！　つまり、動《うご》きがよくなります。また、ケガも防《ふせ》げるのです。

1 ストリーム（上半身《じょうはんしん》のストレッチ）

両手《りょうて》を重ねて、腕《うで》を真《ま》っすぐ上に伸《の》ばします。視線《しせん》は正面《しょうめん》に向《む》け、指先《ゆびさき》が真上《まうえ》に引《ひ》っ張《ぱ》られるイメージを持《も》ってやってみましょう。

〈横《よこ》から見ると……〉

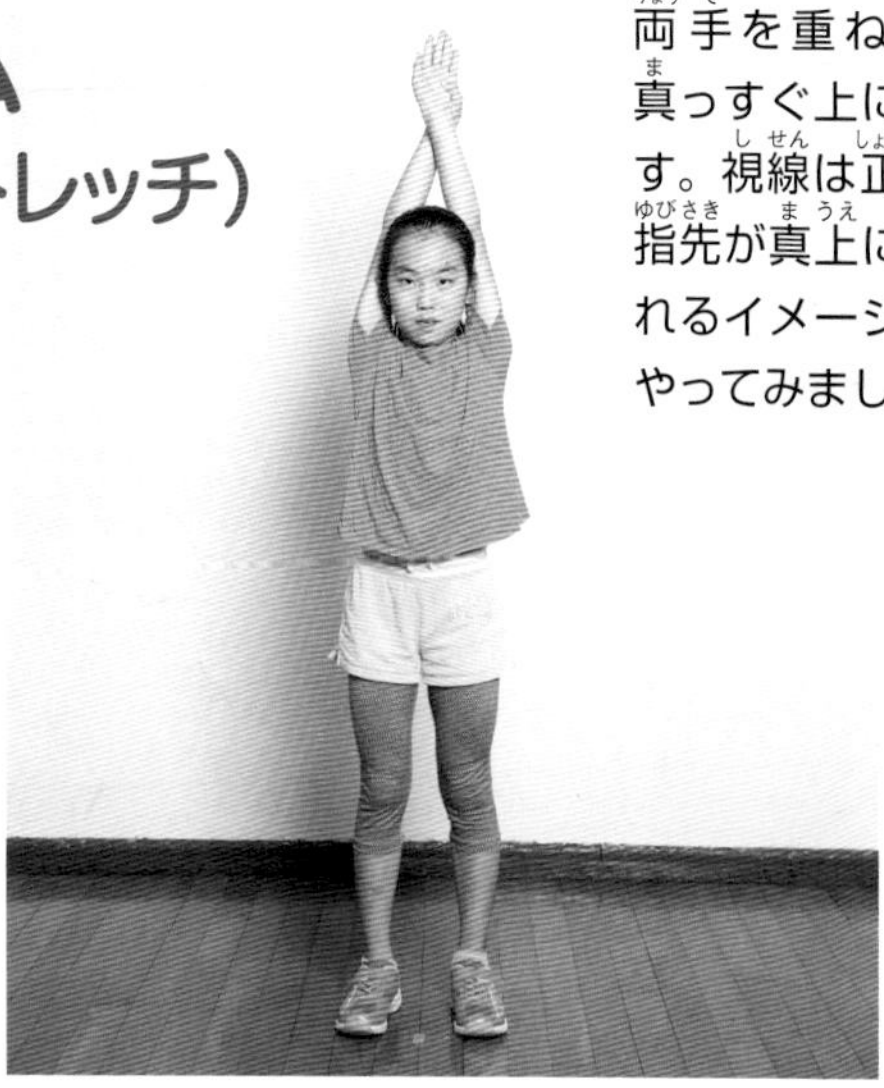

2 パタパタ!（股関節《こかんせつ》のストレッチ）

床《ゆか》に座《すわ》り、両足《りょうあし》の裏《うら》を合わせます。この姿勢《しせい》からカカトを手前に引きつけて、両《りょう》ヒザを「パタパタ！」と上下させます。

3 股関節《こかんせつ》のストレッチ

足を前後に開《ひら》き右ヒザを床《ゆか》につけ、両手《りょうて》を左ヒザの上で重《かさ》ねます。この姿勢《しせい》から上半身《じょうはんしん》をひねり、顔を後方に向《む》けましょう。左右逆《ぎゃく》パターンも行います。

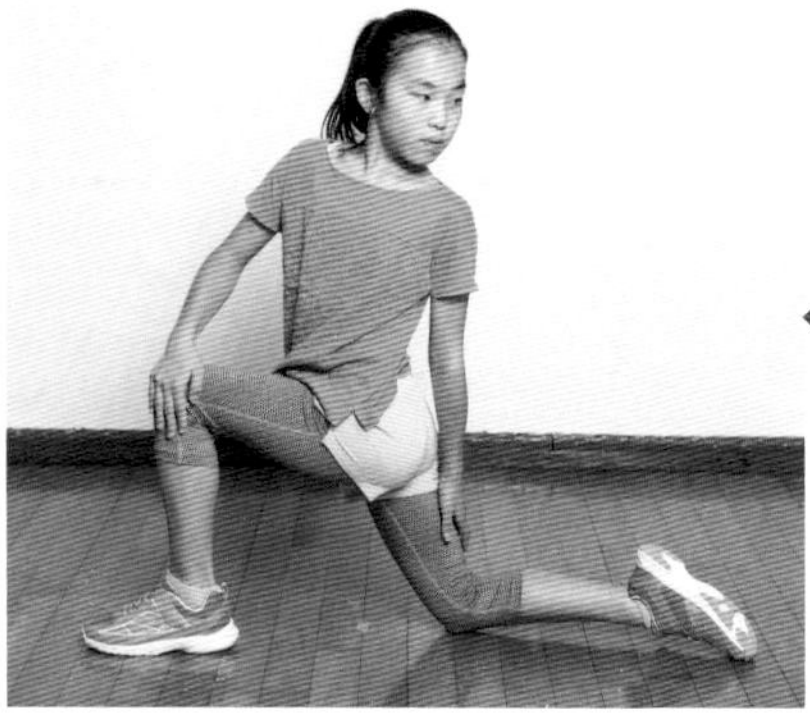

4 肩《かた》のストレッチ

真《ま》っすぐに横《よこ》に伸《の》ばした右腕《みぎうで》に、ヒジを曲《ま》げた左《ひだり》腕《うで》をクロスさせて手前に引きます。左右逆《ぎゃく》パターンもやってみましょう。

5 アキレス腱《けん》&ふくらはぎのストレッチ

足を前後に開《ひら》き、左ヒザの上で両手《りょうて》を重《かさ》ねます。この姿勢《しせい》で右足のふくらはぎとアキレス腱《けん》を、しっかりと伸《の》ばしましょう。左右逆《ぎゃく》パターンも行います。

6 太もも前面《ぜんめん》のストレッチ

〈横から見ると……〉

左手で左足首を持《も》ち、片足《かたあし》立ちになります。右手を真《ま》横《よこ》に伸《の》ばすとバランスが保《たも》ちやすいでしょう。左右逆《ぎゃく》パターンも行います。

7 四《し》股《こ》（股関節《こかんせつ》のストレッチ）

四股《しこ》を踏《ふ》む姿勢《しせい》から左肩《ひだりかた》を内側《うちがわ》に入れ、しっかりと股関節《こかんせつ》を伸《の》ばしていきます。左右逆《ぎゃく》パターンもやってみましょう。

←

8 太もも後面《こうめん》のストレッチ

足を前後に大きく開《ひら》き、両手《りょうて》の指《ゆび》で前に出した左足のつま先を持《も》ちます。左右逆《ぎゃく》パターンもやってみましょう。

トレーニング 1 〈投《な》げる!〉

カラダを大きく動《うご》かすクセを身《み》につける

用意するのは、空気をしっかりと入れたエアボール。バランスボールを使用してもよい。

大きなボールを投《な》げる!

両《りょう》手《て》でボールを持《も》ち、大きな動《うご》きで投《な》げる。大きなボールだと手先で投《な》げることができないので、自然《しぜん》に全身《ぜんしん》の力を使《つか》うことになるのだ。

大きなボール、たとえばドッジボールを投《な》げる時、また野球《やきゅう》の軟式球《なんしききゅう》のような小さなボールを投《な》げる時もカラダの動《うご》かし方《かた》は基本的《きほんてき》に同じです。大切なのは、しっかりと体幹《たいかん》を使《つか》うこと。ボールは腕《うで》だけで投《な》げるのではないのです。まずは大きなエアボールを投《な》げて、全《ぜん》身《しん》を大きく動《うご》かすクセを身《み》につけましょう。

POINT!

プロ野球《やきゅう》の選手《せんしゅ》がボールを投《な》げる動《うご》きを、しっかりと見てみましょう。ピッチャーだけではなく内野手も外野手も、腕《うで》だけではなくカラダ全体《ぜんたい》の力を使《つか》ってボールを投《な》げていることに気づくはずです。プロ野球選手《やきゅうせんしゅ》の動《うご》きをまねてみましょう。

前に大きく足を踏《ふ》み出《だ》し、カラダ全体《ぜんたい》を前へ移動《いどう》させながらエアボールを投《な》げる。腕《うで》の力は、それほど使《つか》っていない。腹筋《ふっきん》に力を込《こ》めて動《うご》いてみよう。

トレーニング 2

〈投《な》げる!〉ソフトボールを遠くに投《な》げる

小学校のスポーツテストの種目《しゅもく》のひとつに、ソフトボール投《な》げがあります。「ソフトボールを、どれだけ遠くまで投《な》げられるか」を測定《そくてい》するのです。手先と腕《うで》だけで投《な》げるのではありません。カラダを大きく動《うご》かし、しっかりと腕《うで》を振《ふ》り、躍動感《やくどうかん》を伴《ともな》って遠くまでボールを投《な》げてみましょう。

まずは、カラダ全体《ぜんたい》を大きく動《うご》かすことが大切。手先や腕《うで》だけで投《な》げるのではなく体幹《たいかん》の力を使《つか》おう。

カラダを大きく動《うご》かす。視線《しせん》を斜《なな》め上《うえ》に向《む》けよう!

「遠くへボールを投《な》げる！」という意識《いしき》を持《も》って、視線《しせん》は斜《なな》め上《うえ》に向《む》ける。踏《ふ》み出《だ》した足のつま先は、真《ま》っすぐ前に向《む》けよう。

ソフトボール投《な》げ

POINT!

視線《しせん》の向《む》け方《かた》によって、カラダを大きく動《うご》かせるか、動《うご》かせないかが決《き》まります。斜《なな》め上《うえ》に視線《しせん》を向《む》ければ、しっかりと胸《むね》を張《は》ることができますが、下を向《む》いてしまうと、背中《せなか》が丸まり、腕《うで》だけで投《な》げる動作《どうさ》になってしまいます。

1 胸《むね》の前でボールをセット。2 3 左足を踏《ふ》み出《だ》しながら、重心《じゅうしん》を少しずつ前へ移《い》動《どう》させる。4 5 しっかりと胸《むね》を張《は》り、腕《うで》をしならせる。6 投《な》げ終《お》えた直後も、視《し》線《せん》を下に向《む》けないように注意《ちゅうい》しよう。

トレーニング

3

〈投《な》げる!〉

ドッジボールの投《な》げ方《かた》を覚《おぼ》える

腕《うで》だけでなくカラダ全体《ぜんたい》でボールを投《な》げる

ねらった相手《あいて》に視線《しせん》を向《む》けてボールを投《な》げる。手先や腕《うで》だけでなく体幹《たいかん》の力を使《つか》ってこそボールに威力《いりょく》が宿《やど》る。

ドッジボールでは、相手《あいて》をめがけてボールを投《な》げます。ここでは、遠くに投《な》げるのではなく、いかに強いボールをコントロールよく投《な》げられるかがポイントになります。ここでも大切なのは、手先と腕《うで》の力だけに頼《たよ》らないこと。カラダ全体《ぜんたい》の力を使《つか》って勢《いきお》いのあるボールを投《な》げてみましょう。

POINT!

相手《あいて》にボールを当てるのがドッジボールです。そのためコントロールを重視《じゅうし》しようとすると、カラダの動《うご》きが小さくなってしまうことがあります。でも大切なのは威力《いりょく》のあるボールを投《な》げること。躍動感《やくどうかん》のある動《うご》きを心がけましょう。

1ボールを両手《りょうて》で持《も》ちバランスを保《たも》ちながら、モーションを起《お》こす。2ねらう相手《あいて》に視線《しせん》を向《む》け、左足を踏《ふ》み出《だ》す。3しっかりと胸《むね》を張《は》る。45 体幹《たいかん》の力を使《つか》い重心《じゅうしん》を前に移動《いどう》させながら、腕《うで》をしならせてボールを投《な》げる。

トレーニング 4
〈受《う》ける!〉

ドッジボールの受《う》け方《かた》を覚《おぼ》える

しっかりボールを見て ヒザのクッションを 上手に使《つか》おう

投《な》げられてくるボールに対《たい》して正面《しょうめん》に立ち、ヒザのクッションも使《つか》って抱《かか》え込《こ》むようにキャッチする。しっかりとボールを見ることも大切。

✖NG

ヒザを伸《の》ばした棒《ぼう》立《だ》ち状《じょう》態《たい》だと、ボールの威力《いりょく》を上手に吸収《きゅうしゅう》してキャッチすることができない。

ボールを投《な》げつけられることに、怖《こわ》さを感《かん》じる人もいることでしょう。でも、カラダの動《うご》かし方《かた》次第《しだい》で、ボールをしっかりとキャッチできることを知りイメージできれば、それは意外《いがい》にも簡単《かんたん》に克服《こくふく》できます。〈ボールから目を離《はな》さない〉〈カラダを相手《あいて》の正面《しょうめん》に向《む》ける〉。まずは、ここから始《はじ》めます。

1ボールを投《な》げてくる相手《あいて》に視線《しせん》を向《む》ける。2 投《な》げられてくるボールに対《たい》してカラダを正面《しょうめん》に向《む》け、しっかりとボールを見る。345ヒザのクッションを使《つか》いカラダを柔軟《じゅうなん》に動《うご》かして吸《す》い込《こ》むように胸《むね》でボールをキャッチしよう。

POINT!

ボールをカラダに当てられても、大したけがをすることはありません。怖《こわ》がる必要《ひつよう》はないのです。ただ手先だけでボールを捕《と》ろうとすると、つき指《ゆび》をしてしまうことがあります。手だけではなく、胸《むね》でボールをキャッチするクセを身《み》につけましょう。

トレーニング
5
〈投《な》げる!〉

ボールを上手に投《な》げるコツ（野球《やきゅう》）

腕《うで》の力だけではなく体幹《たいかん》を活《い》かす!

腕《うで》だけを動《うご》かすのではない。ステップを踏《ふ》み、カラダの重心《じゅうしん》を後ろから前へと移動《いどう》させながらボールを投《な》げる。

投《な》げ終《お》えた時は、踏《ふ》み出《だ》した足に重心《じゅうしん》が乗《の》っている。

大きめのボール（たとえばドッジボール）を投《な》げる時には、カラダを大きく動《うご》かしているのに、野球《やきゅう》の軟式球《なんしききゅう》のような小さなボールを投《な》げると動《うご》きが小さくなってしまう人がいます。これでは、威力《いりょく》のあるボールをコントロールよく投《な》げることはできません。全身《ぜんしん》の力を使《つか》ってキャッチボールをやってみましょう。

POINT!

肩《かた》に力を入れて力んでしまっては、上手に体幹《たいかん》の力を使《つか》って投《な》げることができません。意識《いしき》を置《お》く箇所《かしょ》は丹田《たんでん》（へその少し下）です。腹筋《ふっきん》に少し力を込《こ》めると、肩《かた》の力が抜《ぬ》けリラックスした状態《じょうたい》がつくれます。視線《しせん》は、正面《しょうめん》に向《む》けましょう。

ボールを投《な》げる際《さい》には、ヒジを先に前に出し前腕《ぜんわん》（ヒジより先の部分《ぶぶん》）をしならせる。踏《ふ》み出《だ》した足のつま先は、ボールを投《な》げる方向《ほうこう》に向《む》ける。

最初《さいしょ》はヒザをついて投《な》げてみる！

地面《じめん》に両《りょう》ヒザをついて投《な》げる練習《れんしゅう》もやってみよう。上半身《じょうはんしん》の動《うご》かし方《かた》を確認《かくにん》できる。

投《な》げやすい握《にぎ》り方《かた》を選《えら》ぼう！

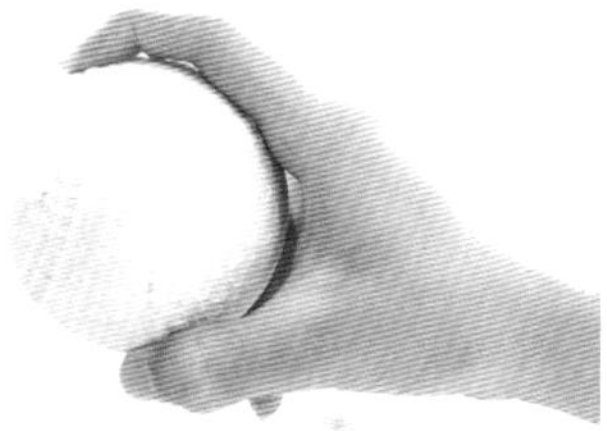

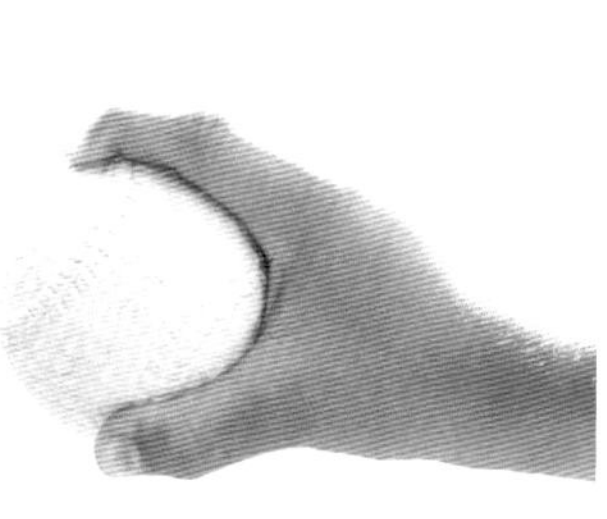

野球《やきゅう》の技術書《ぎじゅつしょ》では、指先《ゆびさき》でボールをつまむようにする握《にぎ》り方《かた》（写真上《しゃしんうえ》）が、よく紹介《しょうかい》されている。だが、深《ふか》く握《にぎ》っても（写真《しゃしん》下）かまわない。どちらが投《な》げやすいかを試《ため》し、ボールの握《にぎ》り方《かた》は自分で選《えら》ぼう。

トレーニング 6

〈受《う》ける!〉

ボールを上手に捕《と》るコツⅠ（野球《やきゅう》）

グローブのどの箇所《かしょ》でボールをキャッチするべきでしょうか？この問《と》いに正解《せいかい》はありません。状況《じょうきょう》に応《おう》じて、もっともキャッチしやすいやり方を自分で探《さが》してみましょう。大切なのはボールを捕《と》る際《さい》に、できるだけバランスを崩《くず》さない姿勢《しせい》でいること。そして、ボールから目を離《はな》さないことです。

ヒザを柔《やわ》らかく使《つか》い正面《しょうめん》でキャッチ!

ボールは、正面《しょうめん》で捕《と》る。手だけを差《さ》し出《だ》すのではなく、安定《あんてい》した体勢《たいせい》をつくって投《な》げられてくるボールをキャッチしよう。

捕球《ほきゅう》する際《さい》には、ヒザのクッションを上手に使《つか》うことも大切。

キャッチする位置《いち》は捕《と》りやすさで選《えら》ぼう！

OK

しっかりとヒザのクッションも用いて、カラダの正面《しょうめん》でボールをキャッチする。

NG

棒立《ぼうだ》ちの姿勢《しせい》でキャッチしようとしてはいけない。できる限《かぎ》り、カラダをボールの正面《しょうめん》に持《も》っていくように心がけよう。

グローブの手のひら部分《ぶぶん》でキャッチする（写真上《しゃしんうえ》）のがよいのか？ それとも、網《あみ》に近い部分《ぶぶん》で捕《と》る（写真《しゃしん》下）のがよいのか？　どちらでもOK。キャッチしやすい方を、状況《じょうきょう》に応《おう》じて自分で選《えら》ぼう。

POINT!

ボールのキャッチは、カラダの正面《しょうめん》で行うことが基本《きほん》です。だが、飛《と》んでくるボールが高かったり低《ひく》かったりすることもあります。そんな際《さい》にも、できるだけバランスを崩《くず》さずにヒザのクッションを上手に使《つか》って柔《やわ》らかく捕球《ほきゅう》しましょう。

トレーニング 7

〈受《う》ける!〉

ボールを上手に捕《と》るコツⅡ（野球《やきゅう》）

胸《むね》とボールを線で結《むす》ぶと
上手にボールがとらえられる！

落《お》ちてくるフライボールと、自分の胸《むね》をラインで結《むす》んでみよう。そのうえでボールを見る。「目でボールを見る」のではなく、「胸《むね》でボールをとらえる」イメージを自分の中につくるのだ。

「キャッチボールなら大丈夫《だいじょうぶ》なのですが、高々と打《う》ち上《あ》げられたフライは上手《うま》く捕《と》れません」。そんなふうに話す人が少なくないのです。なぜでしょうか？　それは目でボールを追《お》う時に頭を動《うご》かし過《す》ぎてしまうからです。頭が動《うご》くと目線が揺《ゆ》れて上手《うま》くボールを見ることができません。上手にボールを見るコツを身《み》につけましょう。

POINT!

試合《しあい》の時は、ピッチャーが投球《とうきゅう》した直後からボールから目を離《はな》してはいけません。そのうえで、バッターが打《う》ったボールと、自分の胸《むね》をラインで結《むす》びます。すると、ボールの動《うご》きが見やすくなり、上手《うま》く落下《らっか》地点に入りキャッチすることができます。

ボールと自分の胸《むね》をラインで結《むす》び、そのうえでボールを見ると視野《しや》が広がる。これにより、余裕《よゆう》を持《も》ってボールを追《お》うことができ、上手にキャッチすることができる。

トレーニング

8

〈受《う》ける!〉ボールに慣《な》れるために

パートナーにゴムボールを投《な》げてもらいキャッチする。柔《やわ》らかいボールなら捕《と》りそこなって、顔に当たっても痛《いた》くない。しっかりとボールを見るクセを、ここで身《み》につけよう。

野《や》球《きゅう》のボールをキャッチするのを、怖《こわ》いと感《かん》じる人もいることでしょう。捕《と》りそこなって、顔やカラダにボールが当たり痛《いた》い思いをすると、恐怖《きょうふ》心《しん》を抱《いだ》いてしまうこともあります。そんな時は、柔《やわ》らかいゴムボールでキャッチボールをします。上手にキャッチできるようになり、ボールに慣《な》れれば恐怖《きょうふ》心《しん》は薄《うす》らいでいきます。

ゴムボールを用いて部《へ》屋《や》でもできる

仰向《あおむ》けになって寝《ね》た姿勢《しせい》で、ゴムボールを真上《まうえ》に投《な》げ、落《お》ちてきたところをキャッチする。ボールをコントロールよく投《な》げるために必要《ひつよう》な、正しいスナップ動作《どうさ》（手首の動《うご》き）を自然《しぜん》に身《み》につけることができる。

POINT!

ゴムボールは、野球《やきゅう》の軟式球《なんしききゅう》よりもなじみやすいでしょう。当たったら痛《いた》いという恐怖感《きょうふかん》を感《かん》じることもありません。その状態《じょうたい》でボールを身近《みぢか》に感《かん》じることができるようになると、投《な》げる、捕《と》る両面《りょうめん》においての技術《ぎじゅつ》が向上《こうじょう》、恐怖感《きょうふかん》も消《き》えます。

トレーニング

9

〈投《な》げる!〉

肩甲骨《けんこうこつ》をしっかりと動《うご》かす

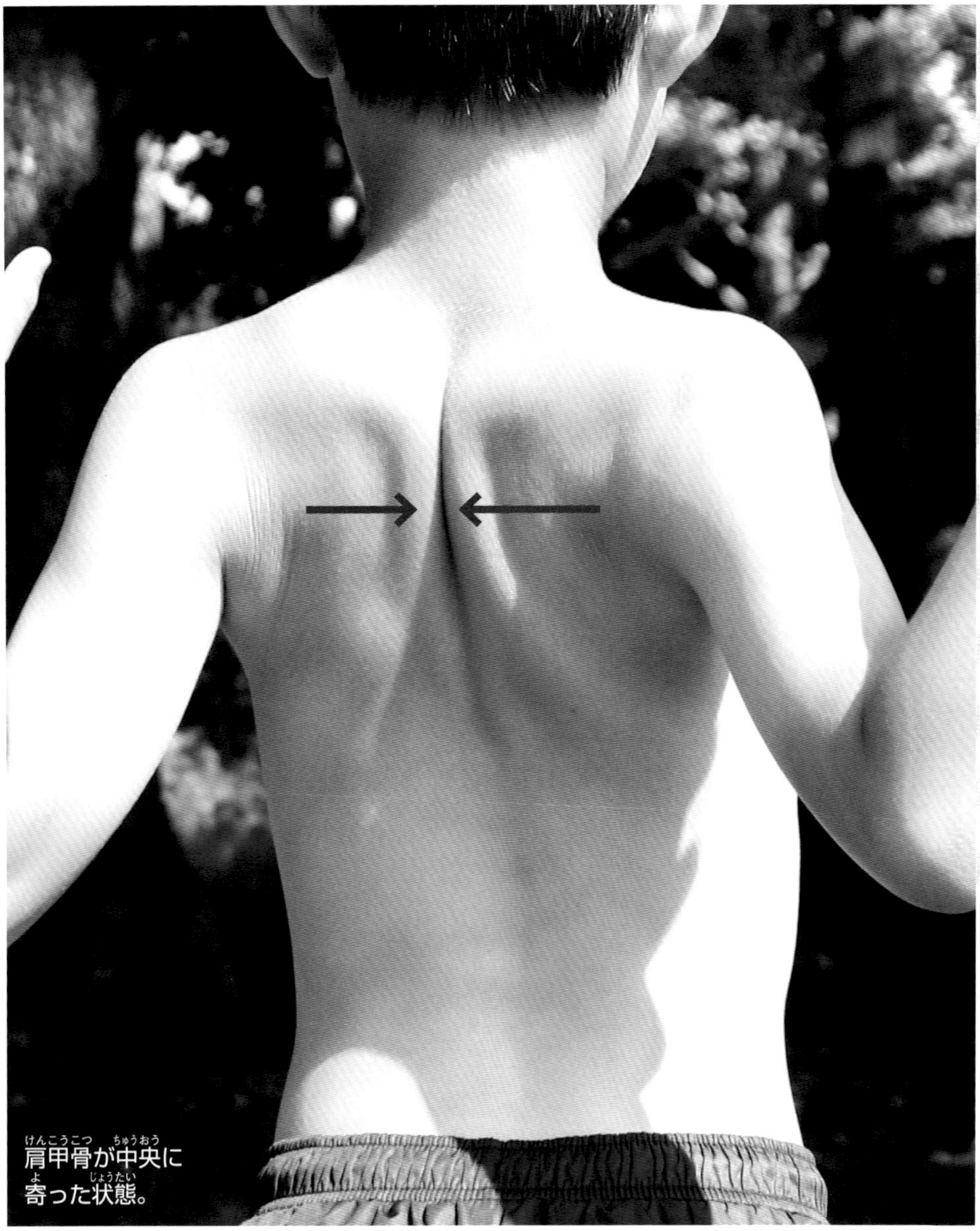

肩甲骨《けんこうこつ》が中央《ちゅうおう》に寄《よ》った状態《じょうたい》。

手先や腕《うで》の力だけではなく、カラダ全体《ぜんたい》の力を活《い》かしてボールを投《な》げるためには、肩《かた》まわりの筋肉《きんにく》を常《つね》になめらかにしておく必要《ひつよう》があります。そのために、肩甲骨《けんこうこつ》をしっかりと動《うご》かしておきましょう。肩甲骨《けんこうこつ》を寄《よ》せて離《はな》す、この動作《どうさ》を毎日繰《く》り返《かえ》し行います。

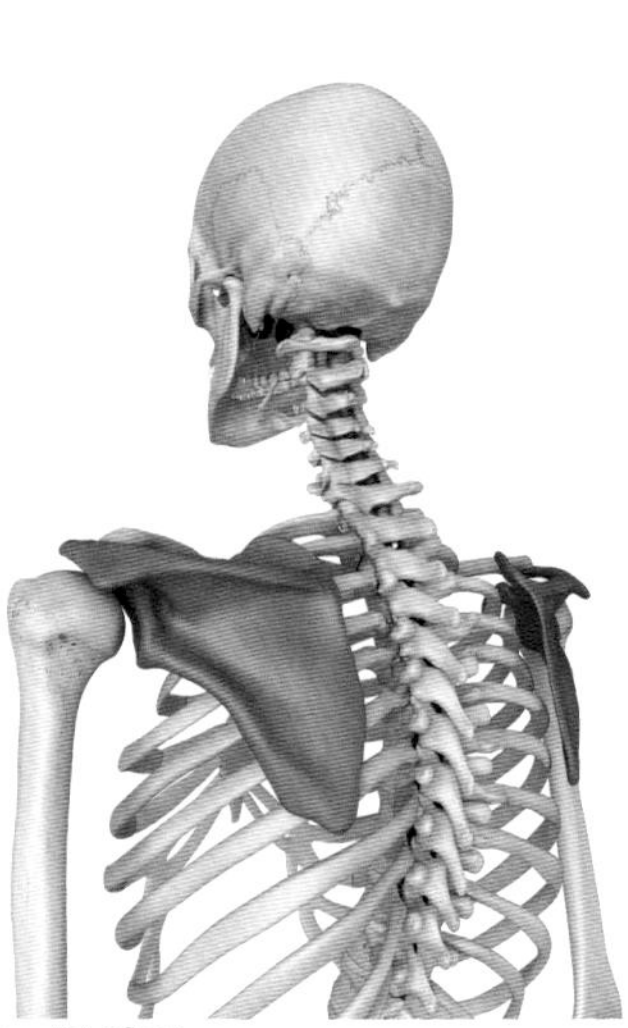

左側《ひだりがわ》の肩甲骨《けんこうこつ》

寄《よ》せて離《はな》す動作《どうさ》を繰《く》り返《かえ》しやってみよう!

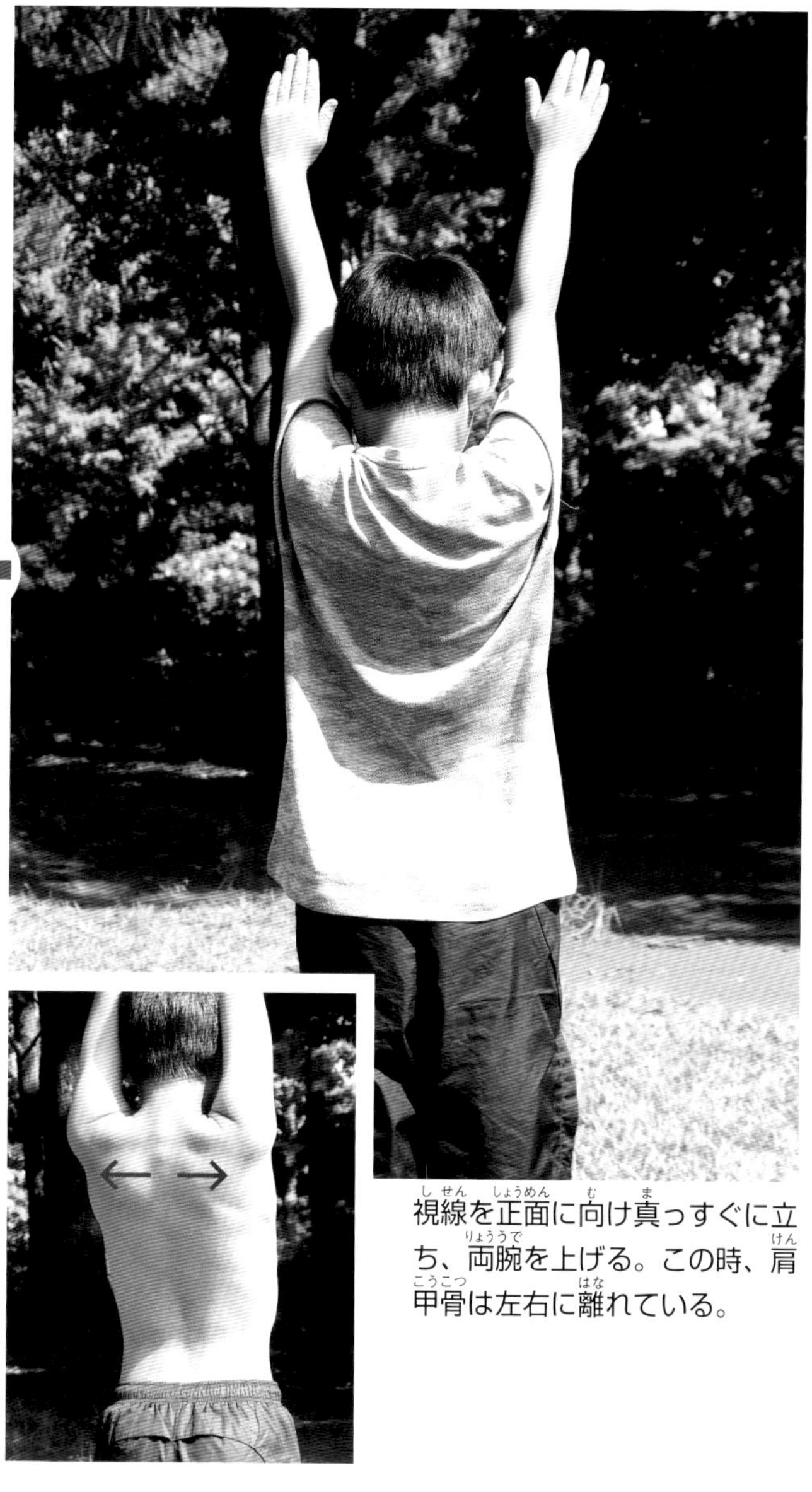

両《りょう》ヒジを後方に引くようにしながら腕《うで》を下げ、しっかりと胸《むね》を張《は》る。すると左右の肩甲骨《けんこうこつ》が中《ちゅう》央《おう》に寄《よ》る。

視線《しせん》を正面《しょうめん》に向《む》け真《ま》っすぐに立ち、両腕《りょううで》を上げる。この時、肩《けん》甲骨《こうこつ》は左右に離《はな》れている。

肩甲骨《けんこうこつ》まわりにしなやかさが宿《やど》ると、ボールを投《な》げる動作《どうさ》がスムースになる。

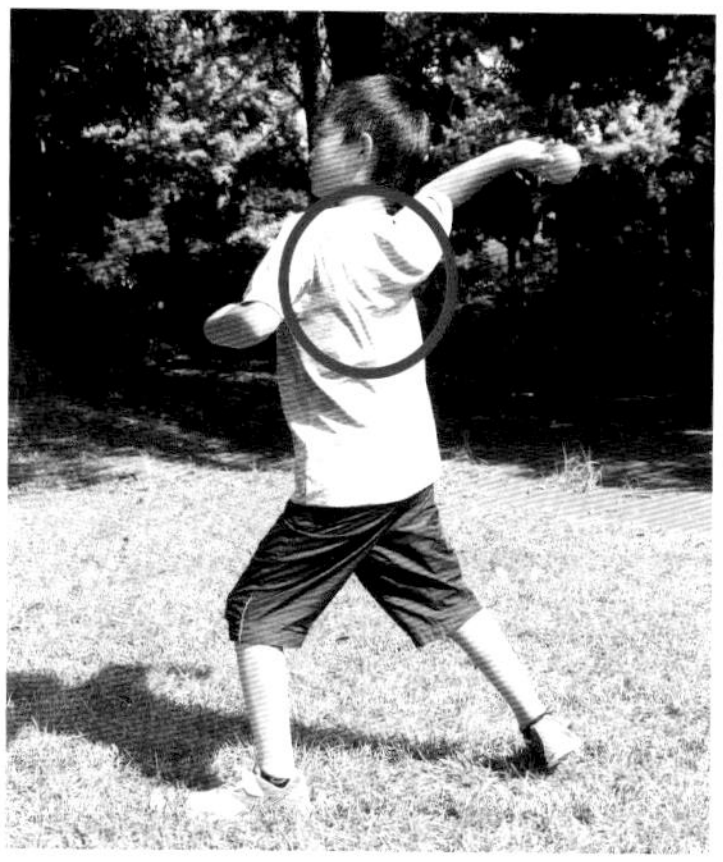

POINT!

ボールを投《な》げる時に限《かぎ》らず、肩甲骨《けんこうこつ》をなめらかに動《うご》かすことができれば、動《うご》きの質《しつ》を高めることができます。たとえば、ランニングにおいても、腕《うで》を振《ふ》る（引く）ことにより上手に肩甲骨《けんこうこつ》を動《うご》かせてこそ速《はや》く走ることができるのです。

トレーニング

10

〈ける!〉

サッカーボールをけり出すコツ

足だけに頼《たよ》らない。ボールを引きつけて体幹力《たいかん》を活《い》かそう!

ボールをける時の形は、カラダが地面《じめん》に対《たい》して垂直《すいちょく》でも、少々後方に傾《かたむ》いていてもかまわない。大切なのは、しっかりと軸《じく》を保《たも》つこと。

ける際《さい》には、腹筋《ふっきん》に力を込《こ》め軸《じく》を崩《くず》さないようにする。バランスを崩《くず》しそうになった時は、左右の腕《うで》を広げ体勢《たいせい》を保《たも》とう。

サッカーボールをける際《さい》に、足の動《うご》きだけに集中《しゅうちゅう》してしまう人が少なくありません。でもそれでは、止まっているボールであっても上手《うま》くけることはできません。足だけを前に出してけってもボールに勢《いきお》いはつかず、またコントロールすることもできないのです。しっかりとカラダの軸《じく》を保《たも》ってボールをけるようにしましょう。

右足でける場合、前に出す左足をボールの横《よこ》に持《も》っていく。

✕NG

腰《こし》が引けた姿勢《しせい》で、つま先だけでけっては、ボールに威力《いりょく》が宿《やど》らず、上手《うま》くコントロールもできない。

✕NG

場合によっては、つま先でけることもあるが、ドリブルなどの練習《れんしゅう》ではボールをしっかりと引《ひ》き寄《よ》せてキックできるようにしよう。

〇OK

ボールを引《ひ》き寄《よ》せ、体幹《たいかん》の力を活《い》かしてけり出しているフォーム。

POINT!

上手《うま》くドリブルができない人は、ボールをける際《さい》に意識《いしき》する箇所《かしょ》は腹筋《ふっきん》だと覚《おぼ》えておきましょう。そうすることで、体《たい》幹《かん》の動《うご》きを活《い》かしバランスを崩《くず》すことなくけれるようになります。足先だけでボールをけろうとしてはいけません。

＼やってみよう！／

基礎《きそ》体力、運動能力《うんどうのうりょく》を養《やしな》うための体幹《たいかん》トレーニング

遊《あそ》び感覚《かんかく》で「体幹《たいかん》トレーニング」をやってみましょう！
日々、行うと徐々《じょじょ》に基礎《きそ》体力、運動能力《うんどうのうりょく》が身《み》につきます。
1 から順《じゅん》に、すべてをやらなくても大丈夫《だいじょうぶ》です。
興味《きょうみ》を持《も》ったものから、回数も特《とく》に気にせず始《はじ》めてください。
ただし、動作《どうさ》は丁寧《ていねい》に！

1 肩甲骨《けんこうこつ》ムーヴ（前後）

足幅《そくふく》を拳《こぶし》2つぶんに開き、視線《しせん》は正面《しょうめん》に向《む》けて真《ま》っすぐに立ちます。その姿勢《しせい》から両腕《りょううで》を45度《ど》の角度《かくど》で斜《なな》めに広げ、後方に引きましょう。肩甲骨《けんこうこつ》を、しっかりと寄《よ》せることができます。

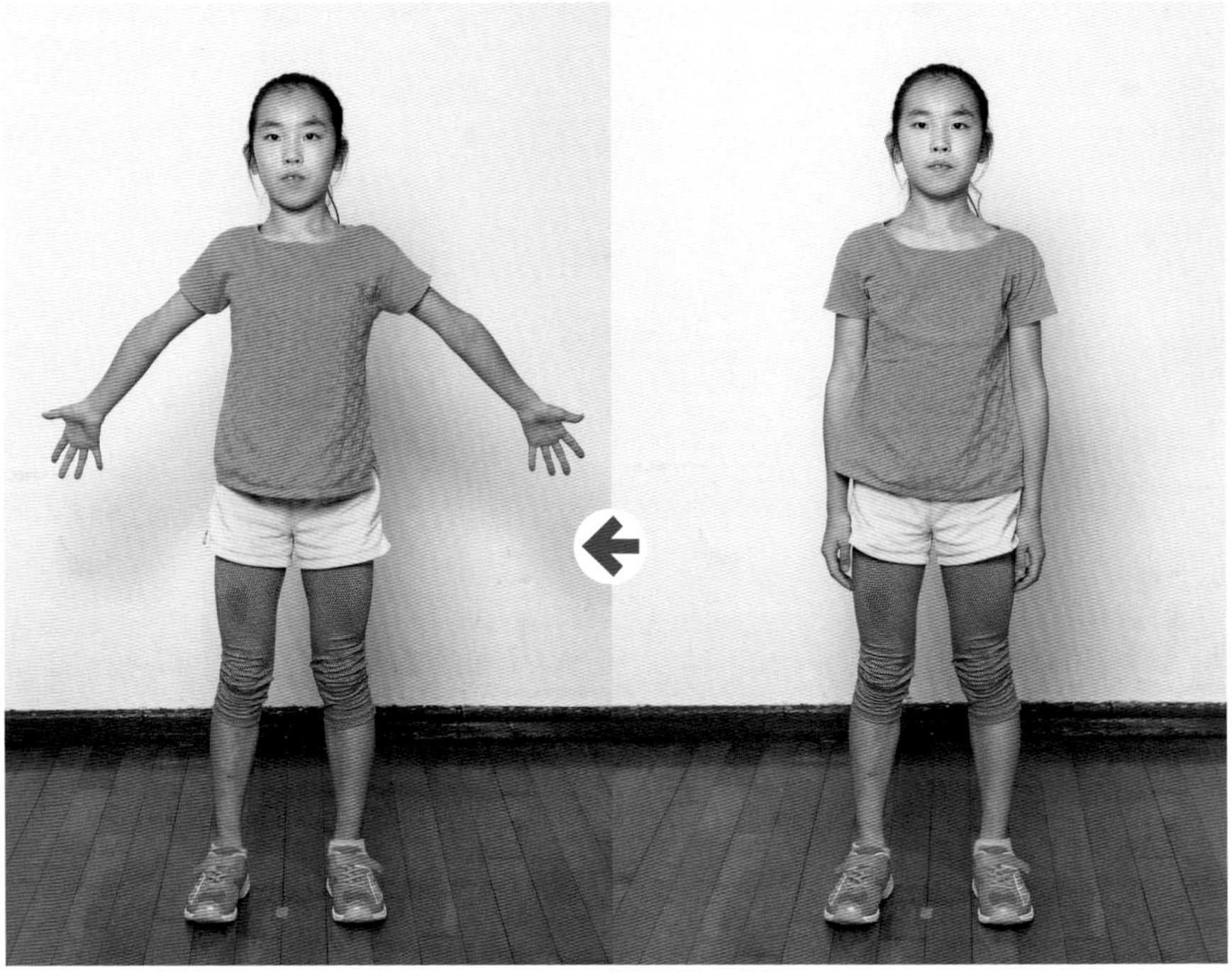

しっかりと両腕《りょううで》を後ろに引くことが大切。肩甲骨《けんこうこつ》が動《うご》いていることを感《かん》じながらやってみよう。

〈横《よこ》から見ると……〉

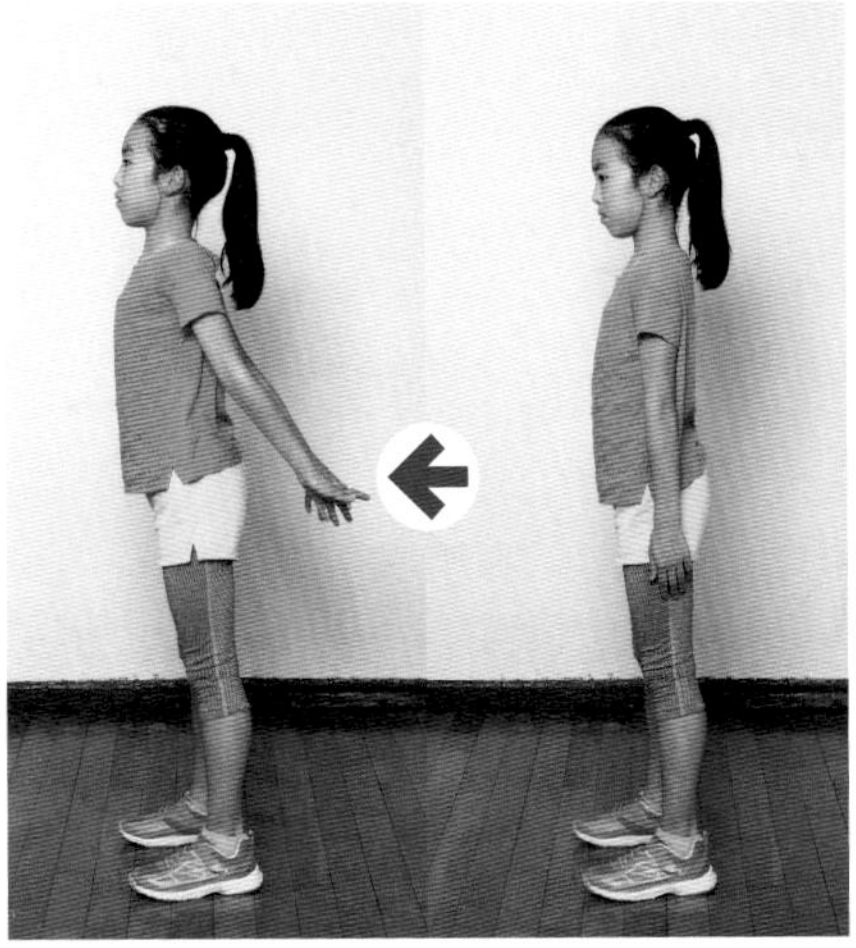

2 肩甲骨《けんこうこつ》ムーヴ（上下）

真《ま》っすぐに立ち、手のひらを下にして両腕《りょううで》を前方に伸《の》ばします。伸《の》ばした両腕《りょううで》と体幹《たいかん》の角度《かくど》は 90 度《ど》。この姿勢《しせい》から、左右の腕《うで》を交互《こうご》に上下させましょう。

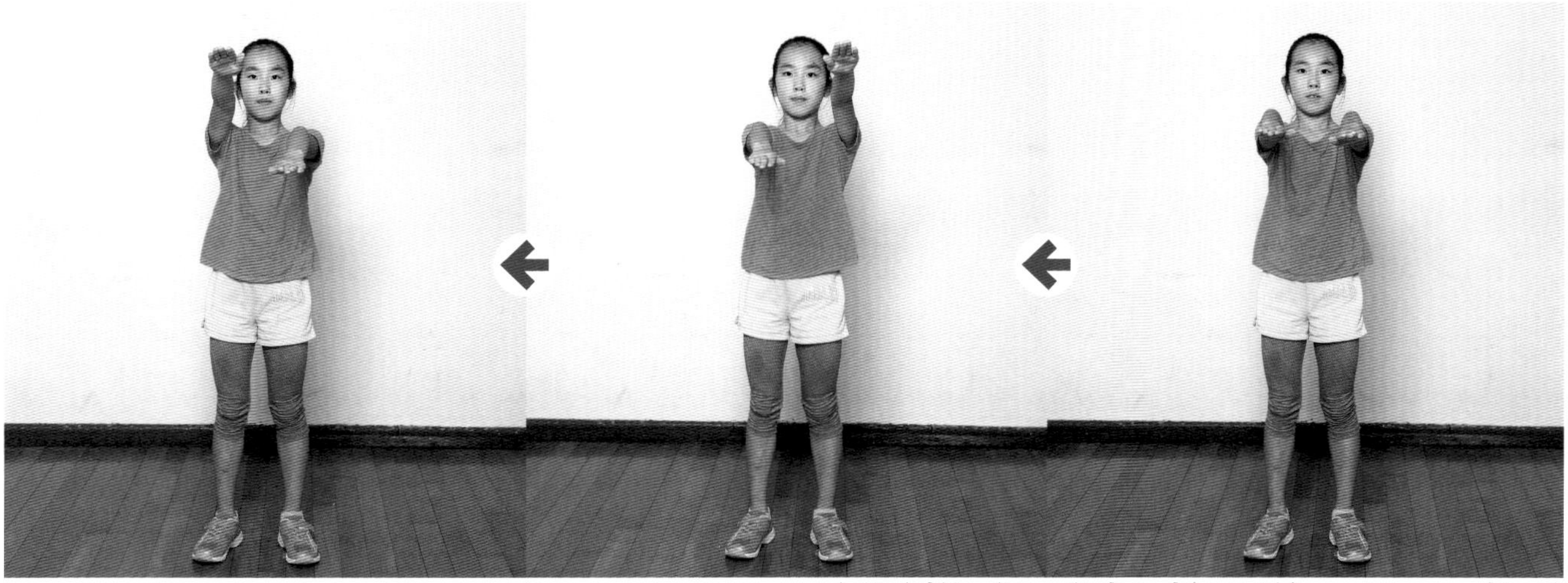

視線《しせん》は正面《しょうめん》に向《む》け、肩甲骨《けんこうこつ》の動《うご》きを意識《いしき》しながら左右の腕《うで》を交《こう》互《ご》に、リズミカルに上下させてみよう。

3 対角《たいかく》キック

右腕《みぎうで》を斜《なな》め 45 度《ど》に伸《の》ばし、左足を後方に引きます。この状態《じょうたい》から左足を大きく振《ふ》り上《あ》げ指先《ゆびさき》にタッチ。左右逆《ぎゃく》パターンもやってみましょう。

大切なのは、しっかりと足を振《ふ》り上《あ》げること。背中《せなか》を丸めて指先《ゆびさき》をつま先に近づけるのではない。正しい姿勢《しせい》で動《うご》こう。

〈横《よこ》から見ると……〉

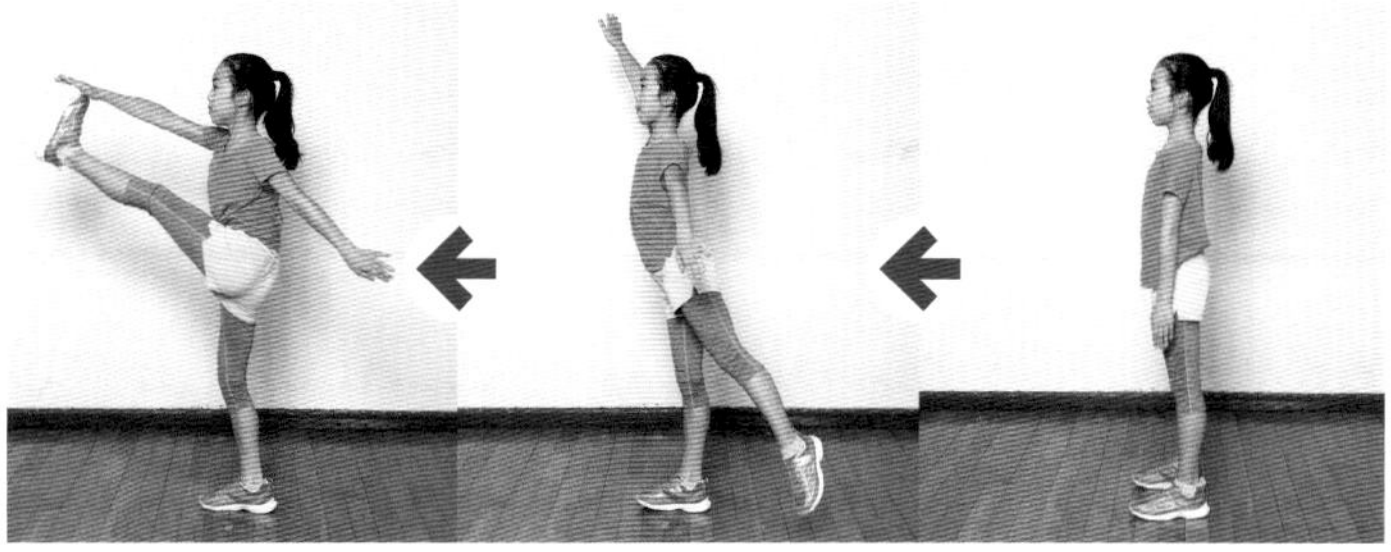

4 重心移動《じゅうしんいどう》 I

両足両腕《りょうあしりょううで》を広げて真《ま》っすぐに立ちます。この姿勢《しせい》から、ゆっくりと腰《こし》と両腕《りょううで》を下ろしていきましょう。太ももが床《ゆか》に対《たい》して平行《へいこう》になったところでストップして静止《せいし》。この後、もとの姿勢《しせい》に戻《もど》ります。

視線《しせん》は正面《しょうめん》に向《む》け、背《せ》中《なか》のラインも真《ま》っすぐに保《たも》ったまま動作《どうさ》する。ゆっくりとやってみよう。

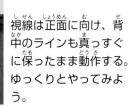

5 重心移動《じゅうしんいどう》 Ⅱ

床《ゆか》と太ももが平行《へいこう》になる高さまで右足を引き上げます。両腕《りょううで》を左右に広げ、バランスを保《たも》ち、この姿勢《しせい》から右足を大きく前に踏《ふ》み出《だ》しましょう。左右逆《ぎゃく》パターンも行います。

背中《せなか》を丸めないように注意《ちゅうい》しながら動《うご》く。視線《しせん》は正面《しょうめん》に向《む》けておこう。

6 パチン背筋《せすじ》

床《ゆか》にうつ伏《ぶ》せに寝《ね》た姿勢《しせい》から上半身《じょうはんしん》を起《お》こし、頭の上で両手《りょうて》のひらを「パチン！」とタッチさせます。この後、もとの姿《し》勢《せい》に戻《もど》ります。繰《く》り返《かえ》しやってみましょう。

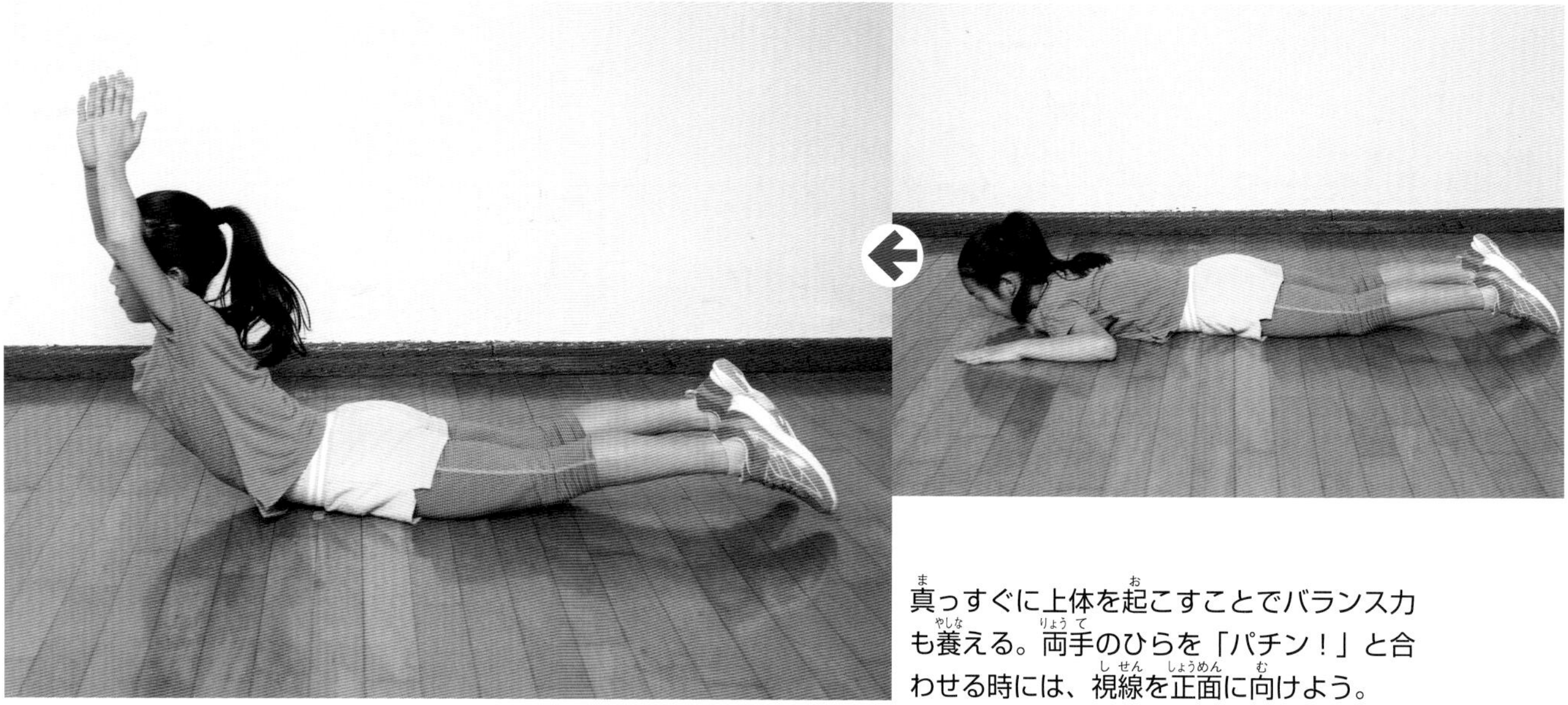

真《ま》っすぐに上体を起《お》こすことでバランス力も養《やしな》える。両手《りょうて》のひらを「パチン！」と合わせる時には、視線《しせん》を正面《しょうめん》に向《む》けよう。

＼やってみよう！／

基礎《きそ》体力、運動能力《うんどうのうりょく》を養《やしな》うための体幹《たいかん》トレーニング

7 ランジ

真《ま》っすぐに立った姿勢《しせい》から、左足を大きく前へ踏《ふ》み出《だ》します。その直後に腰《こし》を下ろしましょう。股関節《こかんせつ》を柔軟《じゅうなん》にできます。左右逆《ぎゃく》パターンもやってみましょう。

8 カーフレイズ

視線《しせん》を正面《しょうめん》に向《む》けて真《ま》っすぐに立った姿勢《しせい》から、カカトを上げます。この動《うご》きをゆっくりと繰《く》り返《かえ》し行うことで、ふくらはぎの筋肉《きんにく》が刺激《しげき》でき、足首部分《ぶぶん》も柔《やわ》らかく保《たも》てます。

〈横《よこ》から見ると……〉

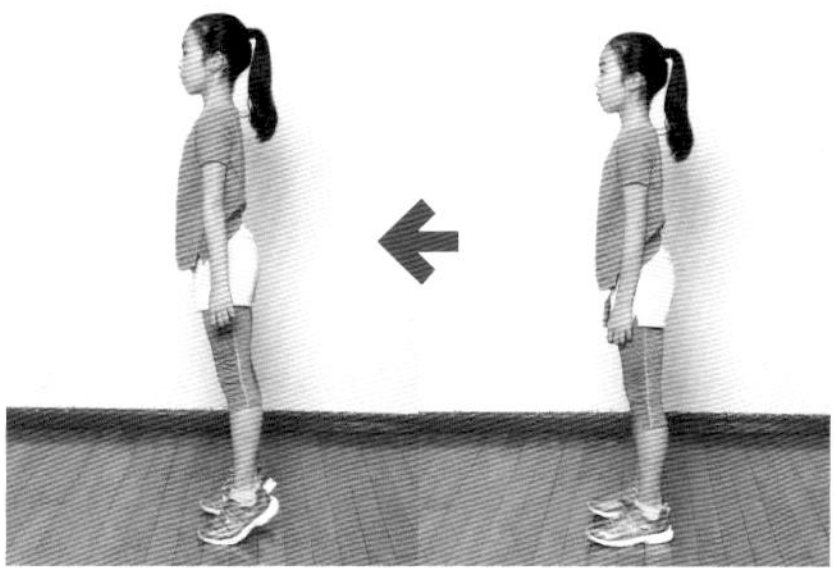

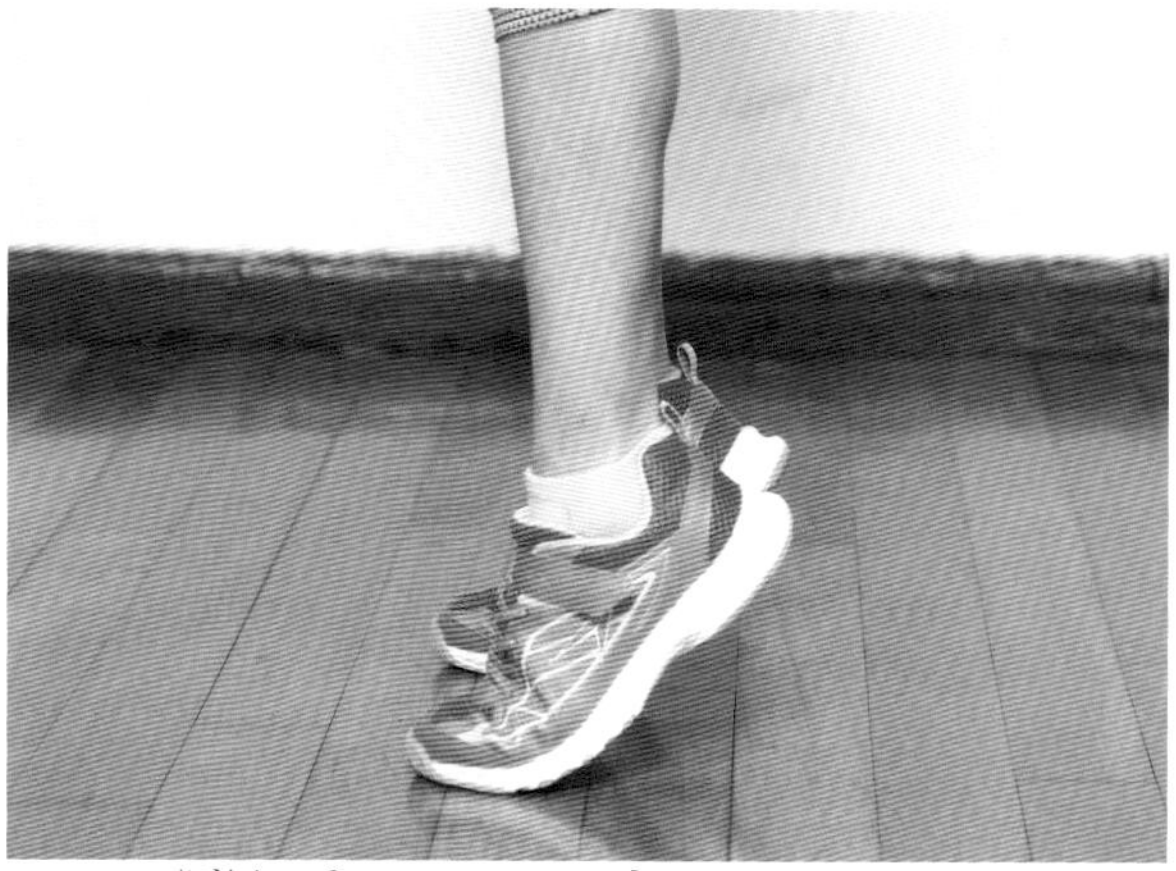

つま先に重心《じゅうしん》を乗《の》せ、カカトを浮《う》かせる。

9 ツイスト

真《ま》っすぐに立ち、両腕《りょううで》を斜《なな》め下に開《ひら》きます。この姿勢《しせい》から小さくステップを踏《ふ》み腰《こし》を左右にひねりましょう。リズミカルにカラダを弾《はず》ませます。

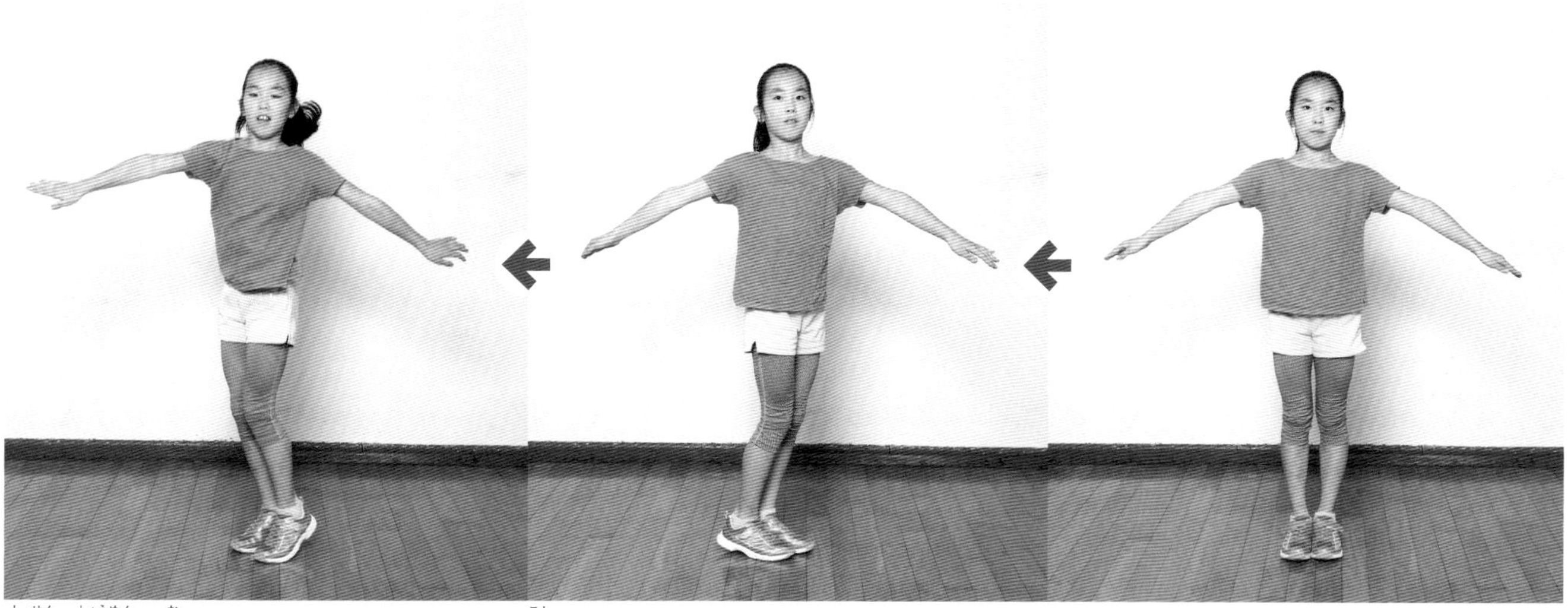

視線《しせん》は正面《しょうめん》に向《む》けたままで行う。しっかりと腰《こし》をひねろう。

著／**近藤隆夫**（こんどう・たかお）

1967年1月生まれ、三重県松阪市出身。上智大学文学部在学中からスポーツ誌の記者となる。その後、専門誌の編集長を歴任し、海外生活を経てスポーツジャーナリストとして独立。プロスポーツから学校体育の現場まで幅広く取材・執筆活動を展開、テレビのコメンテーターとしても活躍している。『グレイシー一族の真実』（文藝春秋）、『プロレスが死んだ日。』（集英社インターナショナル）、『運動能力アップのコツ』『伝説のオリンピックランナー〝いだてん〟金栗四三』『柔道の父、体育の父 嘉納治五郎』（以上、汐文社）など著書多数。

協力／**前波卓也**（まえなみ・たくや）

1979年7月生まれ、茨城県出身。コンディショニングトレーナー。日本スケート連盟フィギュアスケート日本代表の強化トレーナーを務めた経験があり、ジュニア期のトレーニング指導には定評がある。『v-conditioning studio』主宰。著書に『1人でできるスポーツマッサージ&ストレッチ』（マイナビ）がある。

撮影	真崎貴夫
撮影モデル	黒澤舞夏
	小林里緒
	近藤一葉
	佐藤汰月
	佐藤瑠生
	徳山瑛太
	吉田真優
デザイン	平田治久
シューズ提供	アキレス株式会社
協力	四谷デッサン会
編集担当	門脇大

キミも運動ができるようになる

3 ボールを投げる・受ける・ける ほか

2020年2月　初版第1刷発行

著	近藤隆夫
発行者	小安宏幸
発行所	株式会社汐文社
	〒102-0071
	東京都千代田区富士見1-6-1
	TEL 03-6862-5200　FAX 03-6862-5202
	https://www.choubunsha.com/
印　刷	新星社西川印刷株式会社
製　本	東京美術紙工協業組合

ISBN978-4-8113-2697-9